DAVID PORTES

O SEGREDO DO SUCESSO

60 dicas do homem que transformou 12 reais em milhões

inspira

Coordenação editorial
Camilla Savoia

Assistente editorial
Luana Balthazar

Projeto gráfico e diagramação
Kamy Rodrigues – LabLab Design

Ilustrações de capa
Daniel Gnatalli

Revisão
Camilla Savoia
Guilherme Semionato
Taynée Mendes

DADOS INTERNACIONAIS PARA CATALOGAÇÃO NA PUBLICAÇÃO (CIP)

P844s PORTES, David (1956-)

O segredo do sucesso: 60 dicas do homem que transformou 12 reais em milhões. Rio de Janeiro: Inspira, 2015.

160 p.; 21 cm.

ISBN: 978-85-66031-93-5

1. Sucesso nos negócios. 2. Marketing. 3. Empreendedorismo. 4. Riqueza I. Título.

CDD 332.02401

Ficha catalográfica elaborada por: Tamar de Carvalho Rodrigues Lopes – Bibliotecária – CRB 6725

Editora Inspira/Grupo5W
Praça Mahatma Gandhi, nº 2, sala 1115
Centro – Rio de Janeiro (RJ)
CEP: 20031-100
www.grupo5w.com.br

DAVID PORTES

O SEGREDO DO SUCESSO

60 dicas do homem que transformou 12 reais em milhões

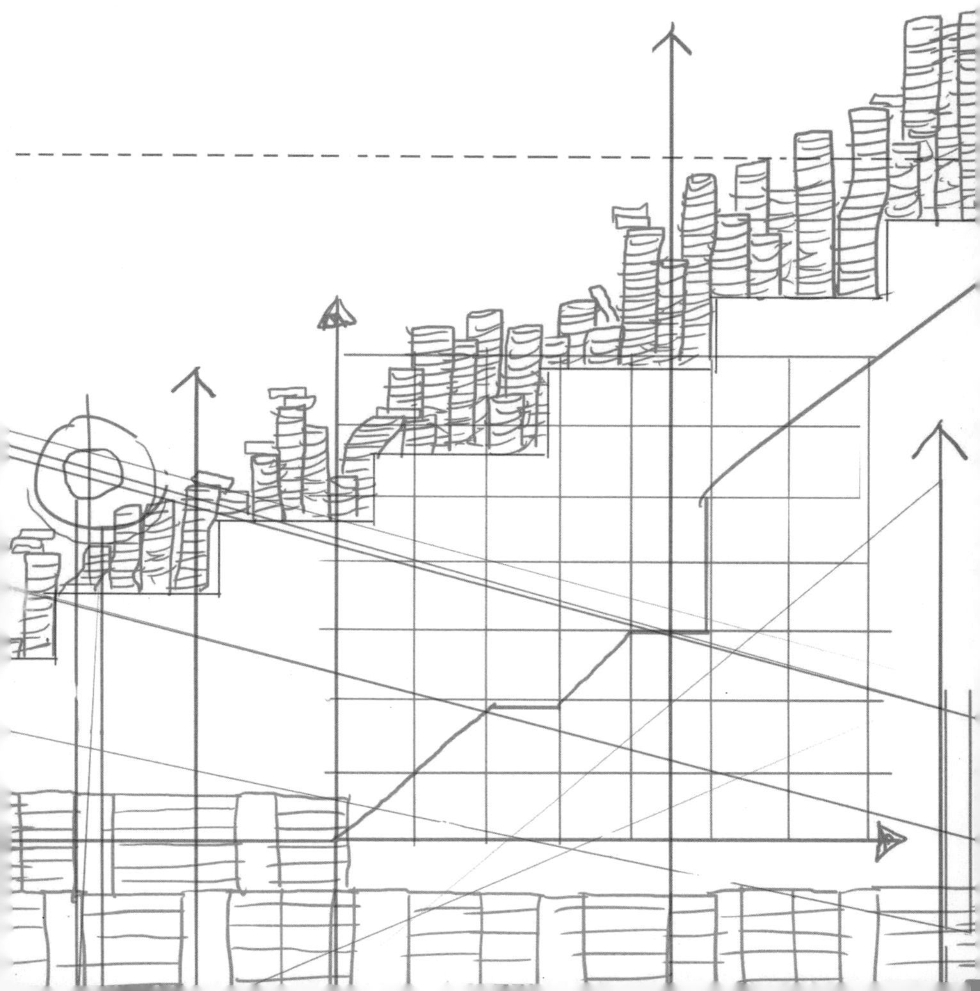

Sumário

Prefácio

Já viajei várias vezes pelo Brasil com o David para fazer palestras, e é sempre divertido, aliás, hilário. Ele é extremamente comunicativo e sociável, fala com todo mundo o tempo todo. Seja no avião, hotel, aeroporto, táxi, shopping ou em qualquer outro lugar (e a qualquer hora), lá está ele, sempre puxando assunto com alguém. Olha que coisa legal, a cada viagem, novos amigos. Esse talento é algo raro e que eu admiro muito; se mais pessoas tivessem a mesma atitude, as relações sociais seriam mais fáceis e mais agradáveis.

A mesma facilidade de comunicação demonstrada em lugares comuns também está presente quando ele sobe ao palco para fazer sua (ótima) palestra. Com simplicidade, simpatia e bom humor, ele conta uma história de vida que cativa a todos, e mostra que, mesmo de origem pobre e com dificuldades, conseguiu, com muita luta e criatividade, fazer sucesso e ganhar dinheiro. Isso mesmo, ganhar bastante dinheiro, pois ele não tem vergonha de dizer que é bem remunerado com suas palestras, e essa é mais uma característica que admiro nele, pois no Brasil muita gente tem receio de falar em dinheiro, dizem que não pega bem. Mas para ele, e também para mim, ganhar bem de forma honesta é motivo de orgulho.

Como não poderia deixar de ser, determinação também é uma de suas virtudes. Para vocês terem uma ideia da energia e da persistência do David, saibam que, mesmo quando sofreu um acidente e ficou sem poder andar, ele viajava pelo país todo de cadeira de rodas para realizar suas palestras; dizia sempre que seus compromissos profissionais estavam em primeiro plano. Aqui temos um exemplo de cara sério: para ele contrato assinado é contrato honrado.

A trajetória de vida do David tem sido incrível, ele é o que os norte-americanos chamam de *self-made man*, o sujeito que, a despeito de todas as indicações contrárias do destino, conseguiu vencer por conta própria. Para a nossa sorte, tenho certeza de que essa história de superação e vitória vai servir de exemplo para aqueles que, como ele, não tiveram muitas chances no começo, mas que sabem que, quando não há outro jeito, o único caminho é criar suas próprias oportunidades e seguir em frente, sempre de cabeça erguida, atitude positiva, olhar confiante e um enorme sorriso no rosto.

Alguns vão perguntar: mas como abrir minha própria estrada para o sucesso? Neste livro você vai encontrar várias ferramentas e dicas muito inspiradoras que, se postas em prática e somadas a um bom espírito empreendedor, irão contribuir para o surgimento de outros camelôs capazes de transformar alguns reais em muitos milhões. Sucesso sempre, David.

Até a próxima viagem e a próxima palestra.

Ciro Bottini
Vendedor televisivo e palestrante

Manual de leitura (não comece antes de ler)

"Você não tem uma dica para fazer sucesso, David?"

Durante muito tempo essa foi a pergunta mais comum que ouvi durante minhas viagens e palestras. Por isso, resolvi compilar os conhecimentos e experiências que adquiri em diversos negócios e na companhia de grandes profissionais. Dessa forma, posso ajudar muitas pessoas a crescerem profissionalmente e a alcançarem seus objetivos. Contudo, antes, é importante ressaltar algumas características deste trabalho:

a) **Modo de leitura** – Cada dica deste livro pode ser lida individualmente, ou seja, você pode começar a ler do fim para o início ou mesmo a partir do meio. Muitas vezes as dicas se referem a outras, criando uma leitura cruzada também.
b) **Textos rápidos e descomplicados** – Imaginei um texto que pudesse ser lido por qualquer um. Nada de frases empoladas ou complicadas. Aqui temos algo direto e eficaz.

c) **Dicas práticas** – Procurei sempre inserir exemplos do dia a dia. Também resolvi desenvolver orientações práticas: vá, faça e treine.
d) **Não perca tempo** – Escrevi um livro curto que qualquer pessoa poderá ler em algumas horas. Tempo é dinheiro.

Por fim, cabe lembrar que o conceito de sucesso é muito amplo. Para uns sucesso é ter vários iates, carros e apartamentos. Para outros é ser conhecido e ter status. E há aqueles que consideram sucesso fazer um bom trabalho e se aprimorar cada vez mais. Pense nisso! Fazer sucesso não é só ficar rico. Analise o que é fazer sucesso para você e siga em frente.

Um forte abraço,
David Portes

UM EMPREEN-DEDOR COMUM NÃO SAI DO LUGAR.

1
Acredite em você

Você acreditaria na possibilidade de um simples camelô fazer sucesso e se tornar milionário? Eu acreditei. E esse homem sou eu.

Com frequência, nós mesmos não acreditamos em nosso potencial. Já ouvi várias vezes em minhas palestras as seguintes frases: não sou capaz de ganhar dinheiro, não nasci para ter esse cargo, não posso ser dono de uma empresa. Tudo isso é uma besteira. Cada um de nós tem um potencial ilimitado, e podemos sempre melhorar e superar nossas dificuldades. O que você precisa fazer é dizer para si mesmo e o tempo todo que você é capaz de conseguir aquilo que deseja.

Em alguns momentos você falhará. Sim, mas você nunca pode desistir. Se você não for a primeira pessoa a acreditar em você mesmo, ninguém mais será.

Para refletir

Escreva sobre uma grande dificuldade que você tinha e que foi vencida. Se quiser, pode escrever sobre mais de uma.

2

Aonde você quer chegar?

Uma das coisas que mais falo nas minhas palestras é que todos devem ter objetivos. Esta é a pergunta que sempre faço: aonde quero chegar? Estou no caminho certo? Há cinco regras fundamentais para traçar objetivos:

a) Você deve ter um objetivo possível e real. Não adianta querer fazer sucesso e ser o homem mais rico do Brasil em um ano (a não ser que você já seja um deles, claro!). Seu objetivo deve estar ligado ao trabalho cotidiano ou a um futuro empreendimento.
b) Estabeleça um período de tempo para cada objetivo. Pode ser um mês, um semestre ou um ano. Esse intervalo de tempo não pode ser muito grande para não desestimular você.
c) Escreva num papel seu objetivo e o deixe num lugar bem visível, que você olhe todo dia.
d) Comente seu objetivo com pessoas próximas e peça a elas para cobrarem e incentivarem você.
e) Escreva num papel as etapas que você precisa para chegar ao seu objetivo. Por exemplo, se você quer ser o maior vendedor da sua loja em determinado mês, você precisa vender quantos produtos por dia? Como você vai vender esses produtos? Vai chegar mais cedo na loja? Vai abordar mais pessoas? Todas essas estratégias precisam estar bem elaboradas.

Para refletir

Estabeleça metas específicas que exemplifiquem aonde você quer chegar.

3

Faça da segunda-feira o dia mais feliz da semana

Esta é uma pergunta essencial para quem quer ter sucesso: o que eu faço profissionalmente? Geralmente faço dois questionamentos que podem solucionar essa questão:

a) O que você gosta de fazer?
b) O que você faz de forma excepcional?

Respondendo-as, você terá um caminho mais específico para traçar. Se você gosta de cozinhar e o faz de forma maravilhosa, tem tudo para trabalhar como um bom cozinheiro ou chef, ou abrir seu próprio negócio na área da gastronomia. É simples. Com essa dica você achará a segunda-feira o dia mais feliz da semana.

Para refletir

Responda os itens abaixo:

a) O que você gosta de fazer?

b) O que você faz de forma excepcional?

4

Ser empregado ou empreendedor?

Muitas pessoas acreditam que só o empresário ou o empreendedor é que obtém sucesso. Grande engano. Você pode ser empregado, um presidente de uma empresa, e ganhar milhões, ou pode ser empreendedor, dono de uma lojinha, e ganhar o mínimo para sobreviver. Mas como escolher que destino tomar? Isso é muito subjetivo, mas, de forma geral, se você se sente confortável em assumir grandes riscos, se você tem capital para investir ou uma ideia muito boa – e se é muito persistente –, a escolha correta é ser empreendedor. Caso contrário, o ideal é ser empregado. Mas, lembre-se, em qualquer um dos casos, você terá que ser dedicado, atento e proativo.

Para refletir

Descreva por que você quer se tornar empreendedor ou empregado.

5

A vida só é dura para quem é mole

Se você quer melhorar de vida, não custa nada repetir: muita dedicação. Você deve ser o primeiro a chegar e o último a sair. Há sempre alguém neste minuto fazendo aquilo que você faz. Por isso, você tem que fazer melhor e com mais afinco. A dedicação é fazer as coisas com envolvimento e com um aproveitamento cada vez melhor. Pode ter certeza, seguindo essa dica você vai se destacar bastante na sua área.

Para refletir

Pense em três medidas que podem fazer você ter um envolvimento maior com o seu trabalho.

6
O único idioma universal: o sorriso

Seja gentil, trate bem as outras pessoas e sorria bastante. O sorriso é o único idioma universal. Quando você se levantar pela manhã tenha em mente que você deve tratar de forma cordial todos com quem fala. Procure ser divertido e alegre. Pode ter certeza de que as pessoas preferem fazer negócios com outras de energia positiva, que estão em harmonia com seus pares e levam a vida de maneira mais leve. Se você trabalha com atendimento ao público ou com vendas, procure fazer isso na prática, e verá que seus resultados serão muito melhores e você receberá diversos elogios. Por isso, ao sair de casa, lembre-se: sorria.

Liste os dez lugares onde você mais sorri.

7

Contato é tudo (faça networking)

Uma das principais dicas deste livro é esta: faça networking. Mas o que vem a ser networking? Trata-se de uma rede de contatos que você pode usar durante sua vida. Você sabia que muitos empregos surgem por meio do networking? Há vários locais bons para você fazer networking, ou seja, criar laços profissionais que poderão servir você no futuro. Vejamos alguns deles:

a) Em cursos, pós-graduações e MBAs.
b) No seu trabalho.
c) Na sua família.
d) Em festas, recepções e clubes.

Para refletir

a) Cite cinco pessoas com que você poderia entrar em contato para te ajudarem a arrumar um novo emprego caso seja demitido(a).

b) Cite cinco pessoas que poderiam ajudar você a montar um novo negócio.

8
Pratique exercícios (levante a bunda do sofá)

Alguns podem se perguntar: mas o que isso tem a ver com ter sucesso? É muito simples, meu estimado leitor: a prática cotidiana de exercícios gera uma série de benefícios que atingem você de forma direta:

a) Mais disposição para atividades no trabalho.
b) Mais saúde, mais produção e menos doenças.
c) Alívio do estresse acumulado.
d) Disciplina e resiliência.

Mas é importante ressaltar que quando eu digo prática de exercícios, me refiro àquela diária, não a pelada do domingo. E só mais uma coisa: procure um médico antes de fazer qualquer atividade.

Para refletir

Que tipos de exercícios você gostaria de fazer? Qual a sua disponibilidade de tempo diária para se exercitar? Se não puder gastar muito, veja na sua lista qual atividade cabe no seu bolso.

9
Economize 20% do seu salário

Não importa se você ganha muito ou pouco, essa dica é fundamental: sempre economize cerca de 20% do salário. Se você ganha R$ 1.000 você deve economizar cerca de R$ 200. Esse dinheiro servirá, entre outras coisas, para auxiliar na sua aposentadoria, para alguma emergência, para a compra de um imóvel ou para abrir um novo negócio que pode gerar uma renda extra.

Calcule se você consegue economizar pelo menos 20% por mês ou mais. Verifique o que você deve cortar para alcançar esse objetivo.

10
Divirta-se

A diversão também faz parte de um bom plano para ser bem--sucedido. Como? Quanto mais relaxado, melhor você produz e mais ideias você tem. Se sua diversão estiver ligada de alguma forma ao seu trabalho, é ainda melhor (por exemplo, se você é designer e sua diversão for uma ida ao museu, certamente você terá mais inspiração no trabalho). Se seu passatempo estiver ligado à reunião de amigos ou a jantares, você também estará desenvolvendo seu networking (dê uma olhada na dica 7).

Para refletir

Liste atividades que você gosta de fazer para se divertir. Escreva três filmes e três passeios que você pretende assistir e fazer nos próximos meses.

O CLIENTE É A PARTE MAIS IMPORTANTE DE QUALQUER NEGÓCIO,

NÃO O SUBESTIME. DEUS PERDOA, MAS O CLIENTE NÃO.

11

Se quer ser empreendedor, dê resultado

Uma das perguntas mais comuns que me fazem é: "David, não tenho muita grana, como eu faço para abrir um negócio?" Simples: faça esse negócio gerar resultado rápido. Eu, com R$ 12, comprei uma caixa com 12 mariolas. Em duas horas, vendi cada uma delas por R$ 2. Depois comprei mais duas caixas e vendi tudo em mais duas horas. Em três dias já tinha o suficiente para comprar vários doces e montar minha barraca.

Conheço a história de muitos empreendedores que surgiram do nada, sem dinheiro, com ideia de retorno rápido. O Flávio Augusto da Silva, fundador da Wise Up, foi um deles. Com quase nenhum investimento criou uma das maiores redes de idiomas sem praticamente falar nada de inglês.

Mas, claro, essas são condições muito especiais. A ideia deve ser muito boa e com retorno muito rápido. Na maioria das vezes, o ideal é você possuir um bom capital de giro para manter seu negócio por alguns meses.

Para refletir

Descreva qual ideia ou quais ideias você tem para abrir um novo negócio. Quanto custa? Quanto você tem?

12
Leia mais, leia tudo

Essa prática gerará um diferencial significativo para você. Podemos citar alguns dos benefícios de uma leitura constante:

a) Possuir um vocabulário mais rico.
b) Escrever melhor, o que facilita muito na hora de redigir um e-mail ou fazer um memorando.
c) Aumentar sua capacidade de concentração.
d) Desenvolver sua criatividade.

Crie o hábito de ler em algum momento do dia: pode ser ao chegar em casa, antes de dormir, quando for ao banheiro. Faça uma lista dos livros que você deseja ler naquele ano. Isso vai ajudar muito.

Para refletir

Liste os três próximos livros que você deseja ler. Conte um pouco sobre alguma leitura anterior que lhe chamou a atenção de alguma forma.

13
Um sócio não se escolhe no cara ou coroa

Quem deseja abrir o próprio negócio, na maioria das vezes, precisa de um sócio. Mas como escolher o sócio ideal? Depois de tanto tempo, acho que posso passar algumas lições (essas observações não são para sócios investidores que só entram com o dinheiro):

a) Escolher um sócio que domine a área que você não domina. Complementariedade é fundamental em qualquer sociedade.
b) Alguém em que você tenha total confiança. Um sócio desonesto é um dos piores problemas para empreendedores.
c) A visão da empresa deve ser semelhante entre você e seu sócio.

Para refletir

Pense em cinco pessoas que você conhece que seriam bons sócios e por quê. Indique qualidades e complementariedades.

14

Faça cursos e estude

Seja qual for sua carreira ou sua profissão, você vai precisar sempre estudar e se atualizar, ou seja, aprimorar-se constantemente. Com os cursos à distância isso se tornou ainda mais simples. Hoje há muitas opões de MBA e especializações. Além disso, você vai conhecer novas pessoas e aumentar seu capital social (dê uma olhada na dica 7).

Para refletir

Liste os cursos que você deseja fazer. O que tem vontade de aprender?

15
Acredite no seu trabalho

As pessoas com maior sucesso que conheci na vida sem dúvida tinham uma fé inabalável na missão do seu trabalho. Ou seja, elas realmente acreditavam que o que faziam estava ligado a um propósito maior. Lembro-me de conversar com um jovem que estava abrindo sua primeira empresa, uma *startup* na área de *e-commerce* de móveis. Ele dizia: "David, cada vez que alguém me mandava um e-mail falando que os móveis eram bonitos, eu me sentia realizado." Isso faz uma grande diferença na sua produtividade e no seu entusiasmo.

Para refletir

Escreva três ou mais motivos que fazem você gostar do seu trabalho. Qual o efeito dele no mundo?

16
Seja criativo

Na minha época de camelô, quando vi que a concorrência estava ficando muito forte, precisei buscar um diferencial. Criatividade é, portanto, isto: executar algo diferente do habitual fazendo com que você alcance mais rápido o sucesso. Quantas vezes você já se perguntou se não poderia fazer alguma coisa de outra forma? Se você quer saber como ser criativo, vá até a dica 12.

Para refletir

Escreva uma forma de fazer o seu trabalho de maneira diferente. Pratique novas formas de se organizar nas suas tarefas.

17
Aprenda a negociar

Não há como negar que um bom negociador está muito mais próximo do sucesso. Muito do que eu vi se resume aos seguintes pontos:

a) Tenha em mente o ponto mínimo a que você pode chegar.
b) Seja paciente. Muitas negociações podem durar dias, semanas ou até meses.
c) Seja flexível. Sem esquecer o ponto mínimo do item (a).
d) Pesquise tudo sobre a pessoa com quem você vai negociar.
e) Procure ficar calmo e aparente neutralidade na negociação. Parecer nervoso ou muito confiante só atrapalha.

Para refletir

Leia sobre formas de negociar e teste algumas alternativas com pessoas próximas.

18
Use novas tecnologias

Certamente eu fui um dos primeiros, senão o primeiro, camelô a receber pedidos dos clientes via e-mail. Isto é muito importante: aprender a usar as novas tecnologias a seu favor. Quantos aplicativos gratuitos você não pode instalar no seu tablet ou smartphone para ajudá-lo na gestão do seu trabalho ou nas suas finanças pessoais? Pesquise bastante sobre isso; você pode ter um auxílio significativo tanto na sua empresa quanto no seu empreendimento.

Para refletir

Pesquise na internet os três melhores aplicativos para os seguintes temas: finanças pessoais, saúde, comunicação, transportes. Pesquise também sobre algum tema em especial que o atraia.

19
Destrua seus inimigos

Em uma das minhas muitas palestras, contando um pouco da minha vida e das minhas táticas como empreendedor, ouvi de um diretor de uma multinacional uma frase que se tornou um mantra: "A melhor maneira de destruir seus inimigos é transformando-os em amigos." Essa frase é uma variação da lição ensinada por Abraham Lincoln. Para quem deseja ter sucesso, quanto mais aliados tiver, melhor. Claro que isso deve ser feito de forma sincera e espontânea. Você já fez uma lista de quem poderia "converter" para o seu lado?

Para refletir

Liste cinco pessoas das quais você poderia se aproximar e estabeleça metas para este fim.

20
Aceite desafios

Algumas pessoas têm o péssimo hábito de reclamar quando uma meta é imposta. Desde que a meta ou o objetivo seja viável e bem planejado, não há o que temer. E digo mais: você mesmo deve se propor desafios. Assim, sua atividade será muito mais dinâmica e interessante.

Pessoas derrotadas querem sempre o caminho mais fácil, os vencedores querem vencer desafios. O que eu posso dizer é que, quanto mais difícil é a subida, mais bonita é a vista quando se chega ao topo da montanha.

Para refletir

Escreva três desafios que você deseja ter em seu trabalho ou em seu negócio.

BOAS IDEIAS SÃO COMUNS, O QUE LEVA AO SUCESSO

É TIRÁ-LAS DO PAPEL. AÍ SIM AS COISAS ACONTECEM.

21
Fidelize o cliente

Quando eu trabalhava como camelô, tinha certeza de que se fizesse o meu cliente voltar teria um lucro muito maior. É mais fácil fidelizar um cliente antigo do que ir atrás de novos clientes o tempo todo.

Por isso, você terá menos preocupações se já tiver um bom grupo de clientes e fidelizá-los. Veja como isso pode ocorrer:

a) Tenha o contato de todos os seus clientes: telefone, e-mail, endereço.
b) Peça regularmente a opinião deles sobre seu serviço ou produto, via e-mail ou telefone.
b) Faça visitas a seus clientes quando puder.
c) Trate-os com educação e bom humor. A relação de vocês precisa ser sempre muito cordial e fraterna.
d) Dê brindes e presentes a seus clientes. Faça isso como forma de cortesia, não como bajulação.

Escreva o nome de oito clientes que você poderia fidelizar e pense em formas de atender cada um.

22
Todo mundo é vendedor

Uma coisa de que tenho certeza nesta vida: seja lá o que você faça, você será SEMPRE um vendedor.

Alguém pode dizer: "Mas, David, um médico, por exemplo, não é um vendedor!" Claro que é! Ele vende sua credibilidade, sua capacidade de curar e tratar as pessoas, sua especialidade em diagnósticos. Um cantor vende sua habilidade de emocionar e encantar o público, sua habilidade de entreter as pessoas por meio das músicas que compõe.

Por isso, minhas dicas sobre vendas servem para qualquer um.

Para refletir

Descreva como, na sua profissão, você é um vendedor.

23
Fale o suficiente para vender

Certa vez ouvi uma história muito interessante de um dono de uma rede de joalherias. Ele disse que seu funcionário estava no escritório de um executivo vendendo um colar que seria dado de presente para a esposa no aniversário de dez anos de casamento. O jovem vendedor falou por quase trinta minutos sobre a joia. Quando o executivo já estava assinando o cheque, o vendedor olhou o retrato de uma mulher que seu cliente tinha na mesa e, supondo ser sua esposa – para quem o colar seria presenteado –, disse que aquela pedra do colar era feita exatamente para combinar com o tom de pele bem branco da esposa. Eis que o executivo respondeu: "Então eu não vou comprar mais nada, porque minha esposa é aquela outra com a pela bem escura", e apontou para outra fotografia. "Esta na foto é minha irmã."

Fica a dica: falar só o necessário numa venda é extremamente importante.

Para refletir

Escreva aqui como você pode ser mais objetivo no trabalho. Pratique!

24
É para a frente, meu filho

Outro dia, assim que terminei uma palestra em São Paulo, um jovem se aproximou de mim para perguntar por que ele nunca era promovido. Olhei para ele e disse: "A princípio eu não sei, mas, se você continuar olhando para baixo enquanto fala, não vai a lugar algum." Por isso, sempre quando você falar, olhe nos olhos do seu interlocutor.

Para refletir

Você consegue olhar nos olhos do outro enquanto negocia? Como pode melhorar isso?

25
Vá à luta

Você deve cortar as expressões "tudo está perdido", "deu tudo errado" e "eu não vou conseguir" do seu dia a dia. Eu não tinha nada e me tornei milionário. Não há desemprego, subemprego ou dificuldade que você não possa superar. Sempre que converso com pessoas bem-sucedidas, a história é sempre igual: quando você coloca alguma coisa na cabeça, que nada mais é do que traçar um objetivo e executá-lo de forma comprometida, tudo vai dar certo.

Para refletir

Qual é o seu próximo objetivo? Liste metas simples que o ajude a alcançá-lo.

26
Prepare-se antes de cada contato comercial

Seja para uma entrevista de emprego, visita a um cliente ou contato com um novo sócio, você tem que estar sempre bem preparado. Quando digo bem preparado, quero dizer buscar o máximo de informações sobre o seu interlocutor ou sobre o local onde ele está.

Por exemplo, se você vai fazer uma entrevista de emprego, precisa saber tudo sobre a empresa. Pesquise em jornais e revistas pela internet, visite o site da empresa, converse com conhecidos que possam dar alguma informação. E mais: se também tiver informações sobre a pessoa que vai entrevistar você, melhor. Procure saber qual cargo ocupa, o que gosta de fazer etc.

Para refletir

Você conhece a empresa em que trabalha? E quanto a empresas em que gostaria de trabalhar? Sempre há algo a pesquisar! Liste que informações você ainda precisa pesquisar sobre a empresa em que trabalha, ou sobre a que gostaria de trabalhar.

27
Converse sobre amenidades

Conforme mencionei na dica 22, todos nós somos vendedores. Uma das grandes dicas que recebi na minha vida é não ir direto ao ponto logo de cara. Em uma venda, é importante você antes conversar sobre notícias do dia a dia, sobre *hobbies*. Não coloque em pauta questões polêmicas. Converse sobre amenidades. Imagine descobrir que a pessoa com que você fará um negócio milionário gosta de pescar assim como você?

Pense em três histórias rápidas que você pode contar antes de uma reunião profissional.

28
Seja respeitado

Tornar-se uma referência naquilo que faz é extremamente importante. Claro que antes você precisa definir o que deseja, por isso aconselho você a dar uma lida na dica 3.

Imagine quando alguém disser: “Ih, agora a gente vai ter que chamar fulano, porque ele é o melhor nessa área.” Desenvolva sua marca pessoal, torne-se uma referência naquilo que faz.

Pense em como você pode se aprimorar na sua área e se tornar uma referência. Estabeleça metas para esse objetivo.

29
Saiba se expressar

Este é um ponto-chave. Você precisa falar bem, muito bem. Você vai se vender melhor, vai fazer melhores negócios e acordos. Mas como falar melhor? Vou citar alguns pontos que você deve prestar atenção:

a) **Fale com naturalidade** – Procure não falar rápido demais para não parecer nervoso, ou devagar demais para não parecer desinteressado.
b) **Leia livros** – Como disse, você terá um vocabulário mais rico e consequentemente falará melhor.
c) **Trace um roteiro** – Se você tem um roteiro na cabeça, com os pontos-chaves que deve abordar, falará com mais confiança. Mas lembre-se: nada de decorar longos discursos. Isso só prejudica.
d) **Não cometa deslizes gramaticais –** É péssimo. Quem fala "nóis vai fazer" ou "menas" certamente terá muitas dificuldades em seus objetivos. Por isso, leia mais e estude sempre. E, claro, fique atento aos erros.
e) **Treine** – Procure treinar com um amigo ou um familiar.

Para refletir

Você acha que se expressa bem? Faça testes com palestras a princípio só para você. Anote aqui tópicos que não pode deixar de falar. E liste em que pontos você precisa se desenvolver para se expressar melhor.

30
Siga seus instintos

Sabe quando você tem a sensação de que alguma coisa está errada, mas não sabe muito bem o que é? Procure ficar ainda mais atento, porque provavelmente não sairá um bom negócio daí. Se a voz interior diz que algo está errado é porque certamente está. Planejamento é fundamental, mas também siga seus instintos.

Para refletir

Pense em três vezes que você já sentiu a sensação de que alguma coisa estava errada e que conseguiu corrigir.

A CHAVE DO SUCESSO É SEMPRE ENCANTAR O CLIENTE.

QUANDO O EMPREENDE-DOR PERCEBE ISSO, A META É ATINGIDA.

31

Para que você quer ficar rico?

Responder a essa pergunta pode lhe ajudar muito a chegar ao seu objetivo e conhecer melhor a si mesmo. O que você deseja com o dinheiro? Comprar uma casa? Ter um carro do ano? Se for isso, tudo bem, mas será que é realmente isso que você quer?

Certa vez, conheci uma pessoa que disse que queria dinheiro para nunca mais ficar sozinho. Será que realmente o problema dessa pessoa era dinheiro? Esse questionamento pode fazer você chegar ao lugar almejado.

Para refletir

Liste quais são seus desejos depois que ficar rico.

32
Honestidade

Bater metas, vender tudo, esvaziar o estoque podem ser feitos a qualquer preço? A resposta é NÃO.

Seu trabalho deve ser guiado por ética, sinceridade e respeito. Acredito muito na lei da compensação, por isso, se você tentar tirar proveito dos outros, estará prejudicando a si mesmo.

Certa vez, o diretor de recursos humanos de uma empresa me ligou perguntando se eu poderia fazer uma palestra no dia 5 de fevereiro, pois era aniversário de fundação da empresa. Eu disse que já tinha duas palestras para fazer no dia. Ele me falou que pagaria três vezes mais. Respondi que havia um risco muito grande de chegar atrasado e que isso não seria justo com ele. O diretor ficou tão comovido com a minha sinceridade que resolveu me contratar, meses depois, para dar a palestra no aniversário do dono da empresa.

Para refletir

Analise se você é honesto com você mesmo e com as pessoas a seu redor. Como sempre temos o que evoluir, escreva aqui o que pode fazer para se aprimorar.

33

Cartões de visita, nunca se esqueça deles

Isto pode parecer tolice, mas trazer consigo cartões de visita é muito importante. Coloque-os sempre em algum local que esteja à mão, como a sua carteira. Não importa o dia ou o lugar, seja num jogo de futebol de rua ou numa festa de aniversário.

Você deve ter seus momentos de lazer e descontração. Porém, deve saber que em qualquer lugar ou hora haverá uma boa oportunidade de fazer um bom negócio. Os cartões e você (como você se veste e fala) são as únicas coisas que "mostram" a sua empresa fora do ambiente do seu escritório, portanto devem refletir a imagem que você quer passar.

Para refletir

Como seria seu cartão de visitas? Quais informações são essenciais?

34
Saiba priorizar

Sempre que chego a um escritório e pergunto a um funcionário quais são suas prioridades naquele dia e ele não sabe responder, fico preocupado.

Eu sempre tenho uma lista de tarefas que é dividida em urgentes e não urgentes. Começo o meu dia pelas prioridades e só depois vou para as outras. Para mim, as prioridades geralmente são aquelas mais difíceis, ligadas à geração de faturamento para minha empresa e ao corte de despesas.

E você? Já tem sua lista de tarefas urgentes?

Liste o que realmente é prioridade para você agora em sua vida pessoal e profissional.

35
Como fazer uma reunião

Vou listar algumas dicas rápidas de como melhorar as reuniões:

a) As reuniões são sempre para decidir alguma coisa, nunca para discutir ou ponderar sobre algo.
b) Reuniões precisam ter um objetivo claro e específico. É interessante mandar um resumo para cada participante sobre os pontos que serão abordados.
c) Reuniões devem ser feitas internamente, de preferência. Reuniões externas normalmente geram custos e podem perder o foco (exceção para almoço de negócios/networking).
d) Faça reuniões com o menor número de pessoas, somente aquelas que têm poder de decisão na(s) área(s) que diz(em) respeito ao tema.

Para refletir

Você gosta de participar de reuniões? Qual é o papel da reunião para você? E qual costuma ser o seu papel?

36

Descubra seus pontos fracos

A maioria das pessoas só se preocupa em saber no que são boas, além de gostar de receber elogios. Mas conhecer seus pontos fracos é tão ou mais importante do que conhecer os fortes, pois só assim você pode trabalhá-los para se aprimorar. Como diz o ditado: conhecimento é poder.

Para começar, evidencio algumas características que venho observando em muitos funcionários e empreendedores:

a) Falta de foco.
b) Dificuldade em se comunicar.
c) Falta de pontualidade.
d) Desânimo.
e) Preguiça.
f) Dificuldade em se concentrar.

Para refletir

Liste seus pontos fracos e como acha que pode minimizá-los.

37
Sempre retorne e-mails e ligações

Outra dica simples e muito eficaz: sempre retorne e-mails e ligações. Ninguém sabe a oportunidade que aguarda você. Quem sabe até mesmo a resolução de um grande problema.

Para refletir

Você já conseguiu colocar seus e-mails e ligações, no trabalho e na sua vida pessoal, em dia? Em caso negativo, como pode se organizar para fazê-lo?

38
Cuide da sua família

Esse é um dos pilares da minha vida. Minha família é tudo. Ela serve de apoio para o meu negócio e me motiva a cada momento. É importante que você tenha momentos de felicidade junto a eles, por isso, planeje viagens e programas, noites de diversão e felicidade.

Lembro-me de uma vez em que achava que nada mais daria certo. Porém, quando cheguei em casa e olhei para o meu filho pequeno, reconheci minha motivação para seguir com meus objetivos. Aquilo me deu uma alegria sem igual. A verdadeira riqueza está nas pessoas que você ama.

Para refletir

Você cuida da sua família? Como pode se organizar para passarem mais momentos juntos?

39

Não tenha vergonha do seu sucesso

Sucesso é algo mágico, uma coisa que você lutou muito para conquistar. Infelizmente, no Brasil, muitas pessoas associam prosperidade à desonestidade e malandragem. Além disso, já ouvi muita gente dizer que demonstrar sucesso "chama inveja e olho gordo".

Isso tudo é besteira. O ditado que tenho para minha vida é: "Pessoas bem-sucedidas atraem pessoas bem-sucedidas." Portanto, se você acaba de comprar um carro novo, fazer uma viagem ou fechar um grande negócio, não tenha vergonha de falar a respeito disso, de postar as fotos em redes sociais ou em seu blog. Seja feliz e mostre sua felicidade.

Para refletir

Como foi a última vez que você demonstrou seu sucesso?

40
Treine a escrita

Grande parte das pessoas hoje em dia não sabe escrever direito. Isso é fruto de uma educação deficiente e da falta de estímulos culturais na infância e na adolescência. Sabia que em quase 1 / 3 do nosso tempo profissional nós enviamos e-mails?

Como em tudo na vida, você pode sempre melhorar. Para escrever bem, basta treinar. Como fazer isso? Você pode ter um diário profissional, no qual escreverá seu dia a dia na empresa, seus planos e frustrações. Pode começar também a enviar mais e-mails de felicitações a parentes e conhecidos em datas e momentos especiais. E lembre-se: leia sempre.

Escreva sobre assuntos de que você gosta de tempos em tempos. Comece agora!

NUNCA TENHA MEDO DE COMETER ERROS, POIS O PIOR ERRO É O

MEDO DE TEN-
TAR. A VIDA
POR SI SÓ É
UMA GRANDE
OUSADIA.

41
Pontualidade

Nunca, nunca, nunca se atrase para compromissos marcados. Isso sempre causa uma má impressão para a pessoa que o aguarda. Aqui vão algumas dicas práticas para evitar esse inconveniente:

a) Planeje com antecedência o caminho que você vai fazer e quais transportes vai usar.
b) Hoje há inúmeros aplicativos que calculam o tempo que você levará de um ponto ao outro, como o Waze ou o Google Maps.
c) Tenha sempre o telefone da pessoa que o espera. Informe-a quando estiver saindo ou caso se atrase.

Para refletir

Planeje sempre com um dia de antecedência o seu dia seguinte. Comece agora!

42
A dica das dicas: know-how

Se pudesse escolher uma única dica e tivesse que descartar todos as outras, seria esta. Qual know-how você tem? Esta habilidade que, decididamente, fará você ter sucesso.

Know-how é o conhecimento que você tem em determinada área. Digamos que você seja formado em Direito, mas tenha trabalhado desde jovem em diversos hotéis e tenha se saído muito bem nisso. Apesar da sua formação, o seu *know-how* está na área de hotelaria.

Vou contar uma história: um amigo meu, Roberto, trabalhou como corretor de imóveis durante dez anos. Depois desse tempo ele conseguiu juntar um dinheirinho e comprou três salas comercias no centro. Só que Roberto, por ter um *know-how* imenso nesta área, havia comprado as salas por um preço muito barato. Ao vender, também usando suas habilidades de corretor, conseguiu fazer uma venda com valor muito mais alto.

Com a quantia das três salas que Roberto vendeu, ele poderia comprar agora cerca de cinco salas comercias. E assim Roberto começou seu pequeno império de compra e venda de imóveis, até ter a sua própria imobiliária e ganhar muito dinheiro.

Para refletir

Qual é o seu know-how? Qual é a área que você realmente domina?

43
A regra dos conselheiros

Eleja alguns conselheiros para sua vida profissional e financeira (não mais do que três). São pessoas que podem ajudar-lhe a tomar decisões estratégicas como mudar de emprego, entrar em um novo negócio, fazer um novo investimento. Veja bem: os conselheiros são amigos de áreas diferentes da sua, com muitos anos de experiência. Mas só os consulte para decisões estratégicas e importantes.

Você já elegeu seus conselheiros? Sobre o que pode se consultar com eles?

44
Seja organizado

Nunca conheci alguém bem-sucedido que não fosse organizado. No mínimo, o que se espera é que você possa ter uma agenda de compromissos e uma planilha com metas e objetivos de curto médio e longo prazo. Hoje, a agenda pode estar incorporada ao e-mail, ter alarmes e notificações, e por meio de smartphones você pode acessá-la de qualquer lugar. A planilha também pode ser substituída por inúmeros aplicativos.

O mais importante é que você saiba administrar seu tempo. Quando alguém necessita trabalhar depois do expediente, pois precisa entregar alguma coisa com urgência, é porque acumulou muitas funções ou porque não sabe se organizar.

Para refletir

Comece fazendo um planejamento das suas contas pessoais para o próximo mês.

45
Aprenda a comprar

Quando você for às compras, pessoais ou para a empresa, nunca troque qualidade por preço. Quando você compra algo de qualidade inferior, aquilo vai fazer mal a você ou vai durar pouco, ou seja, vai acabar saindo mais caro.

Certa vez, comprei um tênis de qualidade inferior ao que costumo usar. Durou apenas dois meses, enquanto o tênis da minha marca costumeira durava, geralmente, dois anos. Enfim, apesar de pagar metade do preço, perdi dinheiro com aquilo. Mas muita atenção: se você puder comprar algo com qualidade e barato, melhor ainda. E nem tudo que é caro é de qualidade. Pesquise!

Para refletir

Faça a lista das marcas que você acredita ter realmente qualidade.

46
Peça indicações

Uma das maneiras de fazer seu negócio se tornar mais conhecido e prosperar é o velho boca a boca. Portanto, não tenha vergonha de se aproximar de amigos, conhecidos e clientes, e pedir que eles indiquem o serviço ou produto com o qual você trabalha. Faça isso o tempo todo, inclusive em situações informais.

Como falo num dos meus ditados: "Quem tem boca vai a Roma, quem tem várias bocas vai a qualquer lugar!"

Para refletir

Faça uma lista de amigos e parentes para os quais você pode pedir indicações para o seu negócio ou empresa. O que você precisa pedir?

47
De olho na concorrência

Seja você dono do seu próprio negócio ou empregado, trabalhe com vendas ou seja do departamento financeiro, é fundamental estar sempre de olho na concorrência, ou seja, monitorar as atividades dos concorrentes.

Ao dar essa dica num dos meus workshops, um jovem falou que era do departamento de TI e por isso não precisa se informar sobre a concorrência. Essa tarefa está muito mais alinhada como o departamento comercial, disse ele. Perguntei quem seria cobrado se a concorrência instalasse um software que aumentasse as vendas em 30%. O jovem riu e falou: "Desta vez você me pegou, David!"

Para refletir

Quem são os seus principais concorrentes e como eles se posicionam no mercado?

48
Faça trabalhos voluntários

Estar ligado a uma causa ou a alguma organização que se propõe a melhorar o mundo é fundamental. O foco deve ser o quanto vai ajudar as pessoas, mas você inevitavelmente vai se sentir muito melhor, e isso certamente trará energias positivas para outras atividades.

Quando falo em trabalho voluntário, não é simplesmente fazer uma doação em dinheiro no final do mês. O importante é você se envolver sinceramente. Se você for realmente organizado sempre sobra tempo.

Hoje muitas empresas valorizam esse ponto no currículo. E digo mais: já vi até proposta de sociedade empresarial com base em valores que a pessoa defendia.

Só ressalto que a escolha do que você fará deve ser sincera.

Para refletir

Em qual trabalho voluntário você está engajado e por quê? Qual teria vontade de fazer?

49
Aprenda a pechinchar

Uma das práticas que aprendi na vida é que você pode ter no mínimo 10% de desconto em qualquer coisa. Quando eu digo qualquer coisa, é qualquer coisa mesmo. Do carro à paçoca, do pãozinho ao imóvel.

Uma vez estava dentro de um restaurante com um amigo e falei que ele poderia pechinchar qualquer coisa. Ele me desafiou se ali, naquele momento, eu conseguiria 10% de desconto. Conversei com o gerente, disse que era um cliente antigo, expliquei por que merecia o abatimento. Não só consegui os 10% de desconto como também uma sobremesa de cortesia.

Para refletir

Quais são os locais onde você pretende pechinchar amanhã?

50
Atenção à aparência

Para ter sucesso profissional e financeiro invista também na sua aparência. Lembro-me de conversar com um gerente de banco que me disse: "Está na bancarrota e quer pedir um empréstimo? Use sua melhor roupa!" Listo alguns cuidados que você deve tomar no seu dia a dia:

a) Nunca use roupas manchadas ou rasgadas. A velha frase "Ninguém vai notar" é um grande engodo.
b) Nunca use roupas amarrotadas.
c) Hábitos de higiene ajudam na sua aparência. Nada de unhas sujas, mau hálito, entre outros.
d) Nunca troque qualidade por preço. É melhor ter poucas roupas boas do que muitas ruins.
e) Em um ambiente profissional seja o mais discreto possível. Não use roupas que remetem a times (sobretudo futebol) ou religiões; isso você usa em ambientes pessoais, no trabalho a escolha prefira a neutralidade.

Você já perguntou a seus parentes ou amigos como está sua aparência? Faça esse teste e descreva o resultado aqui.

PARA SABER
O QUE SEUS
CLIENTES
PRECISAM E
DESPERTAR

INTERESSE,
É PRECISO
QUALIFICAR
OS COLABO-
RADORES.

51
Escolha bem seus colaboradores

Se você tem um cargo de gerência ou mesmo uma empresa, é importante escolher os melhores para trabalhar com você. Minha dica se resume a três pontos que aprendi com o presidente de uma grande multinacional varejista:

a) Faça entrevistas permanentemente, mesmo que não tenha vagas. Guarde os dados dos candidatos e faça um banco de currículos. Pode ser que no futuro próximo você vá precisar.
b) Nunca contrate alguém só pelo currículo. O ideal é fazer entrevistas, dinâmicas de grupo, testes diversos.
c) O mais importante: nunca contrate alguém que veja a empresa apenas como o local que paga seu salário.

Para refletir

Você já tem um banco de currículos? Quais funções são mais necessárias para você atualmente?

52

Ficar só, às vezes, é bom

Uma vez por mês tiro dois dias para ficar sozinho e relaxar a mente. Vou para um lugar sem contato algum com internet, telefone ou televisão.

Você pode perguntar: Mas, David, como isso vai me fazer ter sucesso?

A questão toda está em utilizar seu subconsciente para poder ter novas ideias e resolver antigos problemas. Vivemos numa sociedade com excesso de informação e urgências, e isso muitas vezes atrapalha nossos pensamentos e nosso trabalho cotidiano. Portanto, ter um momento de paz o ajudará muito em seus negócios e em sua empresa.

Em último caso, se você não puder ter dois dias de isolamento por mês, poderia tirar duas horas por semana.

Para refletir

Escolha um lugar que seja seu canto solitário para pensar e avalie por quanto tempo você consegue se isolar. Descreva como foi essa experiência.

53
Pague seus credores e impostos

Um dos erros mais comuns dos quais tenho conhecimento é o não pagamento de impostos ou credores. Antes de tirar lucro dos seus negócios, o mais importante é estar com sua reputação ilibada. É melhor você pegar um empréstimo no banco, renegociar e pagar suas dívidas, do que permanecer com constantes cobranças.

Ter um equilíbrio financeiro é fundamental para a tranquilidade profissional. E pessoal também.

Você já pensou nas suas dívidas e na maneira como vai pagá-las? Caso não tenha dívidas ou elas estejam pagas, faça um planejamento para evitar contrair outras.

54
A questão fundamental

Muita gente me pede dicas para começar seu próprio negócio. Isso vai depender muito do que você almeja e de qual é sua área de afinidade. Mas, se tivesse que resumir as dicas a uma fórmula simples para você ter sucesso, ela seria:

a) Encontre um problema e pense numa maneira de resolvê-lo.
b) Compre bem barato e venda um pouco mais caro algo que as pessoas queiram muito.

Para refletir

Que tipo de problema você resolve de forma mais fácil? Com quais produtos ou serviços você se identifica mais?

55
Guarde documentos

Isso pode economizar muito dinheiro e dor de cabeça. A dica aqui é guardar todos os documentos que tiver recebido. Você pode fazer uma pasta para cada documento, como: pagamento de impostos, pagamento de credores, contratos assinados etc. A organização desses documentos é algo importantíssimo.

Para refletir

Que tipos de documentos você considera importante guardar? Organize tudo em pastas da melhor maneira para você achar depois.

56
500 oportunidades por dia

Brinco dizendo que por dia há sempre 500 oportunidades, mas quase ninguém as vê. Seu olho deve ser treinado para captar novas oportunidades, o que significa que você precisa estar sempre atento para fazer bons negócios. Quantas vezes você passa por locais que não possuem uma farmácia, uma lanchonete, uma agência dos correios? Isso para mim é uma oportunidade clara de negócios.

Lembro-me de um amigo que descobriu que uma universidade famosa inauguraria suas novas instalações numa cidade da Grande São Paulo. Ele procurou o diretor e logo de cara conseguiu a concessão para instalar por lá a cantina. Hoje ele tem mais de cem cantinas espalhadas por faculdades e escolas.

E, por favor, não me venha com a ideia de que só com muito dinheiro se pode ganhar dinheiro. Eu sou a prova de que é possível fazer diferente.

Você tem reparado nas oportunidades que surgem no seu dia? Comece a identificá-las numa lista.

57
Pense positivo

Um dos livros que mais gostei de ler foi *Pense e enriqueça*, de Napoleon Hill. O trabalho foi fruto de um pedido do homem mais rico do mundo à época, Andrew Carnegie, para que Hill traduzisse em palavras a maneira como as pessoas deveriam direcionar seus pensamentos para ficarem realmente ricas. Se o leitor quiser se aprofundar vale a pena ler o livro. Mas, de forma bem resumida, o que se deve fazer é concentrar-se naquilo que você deseja de forma tão intensa que isso aos poucos vai se tornar uma obsessão. A força do pensamento positivo, estimado leitor, poderá trazer muitos benefícios a você.

Para refletir

Em que você focará nos próximos meses? Você tem o hábito de pensar positivo?

58
Aprenda com os erros

Durante sua caminhada para o sucesso financeiro e profissional você cometerá muitos erros. São incontáveis os executivos e empreendedores que conheço que faliram ou perderam dinheiro em seus primeiros negócios. Na cultura dos Estados Unidos é comum você falir no primeiro empreendimento, e quanto mais errar mais próximo estará do sucesso. O mais importante é que você tire lições desses equívocos e não os repita.

Quais foram seus principais erros? O que aprendeu com eles?

59
Quanto você vale?

Parece até brincadeira, mas um dos meus maiores desafios quando faço minhas consultorias ou palestras é fazer com que as pessoas se acostumem a pensar grande. Não tem nada a ver com sonhar acordado, mas com a sua capacidade de acreditar em si mesmo e valorizar-se por conta disso. Pode ter certeza de que você vale muito, mas precisa antes mostrar esse valor. Se você trabalha para uma empresa, já se perguntou quanto você gerou de lucro para ela? Se você trabalha de maneira autônoma ou tem um negócio próprio já se perguntou quanto de dinheiro gerou ou economizou para seus clientes?

Quando comecei a dar minhas palestras motivacionais, inicialmente comecei a cobrar R$ 500, porque não era tão conhecido. Mas eu sabia que, conforme fizesse mais palestras, mais valorizado seria meu cachê. Hoje sou um palestrante conhecido mundialmente e cobro mais de 20 vezes o que cobrava no início.

Você já se perguntou quanto vale? Liste aqui quais você considera que sejam seus diferenciais.

60
Tenha fé

Não importa se você tem alguma religião, não importa em que você acredita, sempre aconselho que destine parte do seu tempo a estimular a fé em você e na vida.

Para refletir

Você tem fé em você? Por quê? Como aprimorar este lado?

O SORRISO É A PRINCIPAL FERRAMENTA DE UM EM-PREENDEDOR.

O SORRISO
ABRE TODAS
AS PORTAS E
AS CARTEIRAS
TAMBÉM.

Para sonhar grande ou pequeno, gasta-se a mesma energia. Então por que não sonhar grande? Use este espaço para começar o planejamento e colocar seu sonho em prática!

Inspira é um selo do Grupo 5W. Entre no nosso site
e no Facebook, e conheça outros títulos.

Siga o Grupo 5W nas redes sociais e passe
a receber informações sobre os nossos livros,
lançamentos, inovações e promoções.

Se quiser enviar sugestões, ideias ou originais
para publicação, acesse nosso site:
www.grupo5w.com.br

Para palestras, compras corporativas
ou contato com o autor, escreva para:
autor@grupo5w.com.br

Composto em Perpetua, Oleo Script e Bebas Neue. O papel utilizado para a capa foi o Cartão Supremo 250 g/m². Para o miolo foi utilizado o Pólen Soft 80 g/m². Impresso pela Rotaplan para a Editora Inspira em junho de 2015.